# Märchenhaft

## Die schönsten
## Volks- und Kunstmärchen

Nacherzählt von Dörte Grimm und
illustriert von Chiara Arsego

Schaltzeit Verlag

# Inhalt

Text: Dörte Grimm · Illustration: Chiara Arsego

Lektorat: Andreas Illmann, Nele Robitzky · Satz: André Schulz, Chiara Arsego

Druck: Grafisches Centrum Cuno, Calbe, Deutschland

Copyright: © 2017, Schaltzeit Verlag, Berlin

ISBN: 978-3-946972-03-7

**Bibliografische Informationen der Deutschen Nationalbibliothek**

Die Deutsche Nationalbibliothek verzeichnet diese Publikation in der Deutschen
Nationalbibliografie. Detaillierte bibliografische Daten sind im Internet abrufbar:
http://dnb.ddb.de

\* \* \*

Für unsere Kinder Mara, Marika, Mathilda und Hannes.

# Die Bremer Stadtmusikanten

Es lebte einmal ein Esel bei einem Mann. Der Esel hatte jahrelang schwere Säcke zur Mühle und zurück getragen, als ihm die Beine müde wurden und er nicht mehr so konnte, wie er sollte. Sein Herr wurde wütend und wollte ihn schlachten lassen. Doch das merkte der Esel und rannte auf und davon. Hinter einem Flusslauf fiel ihm ein, wovon er in seiner Jugend immer geträumt hatte: »Warum gehe ich nicht nach Bremen und werde Stadtmusikant?«, sprach er so vor sich hin und so war der Plan gefasst.

Er war schon eine Weile gelaufen, als er mitten auf dem Weg einen japsenden Jagdhund liegen sah. »Was schnapst du nach Luft, du Hundeseele?«, rief er dem Tier zu. »Ich bin alt, Esel! Siehst du das nicht? Jeden Tag werde ich schwächer. Mein Herr wollte mich loswerden, also bin ich weggelaufen. Jetzt weiß ich nicht, was ich mit mir anfangen soll.« – »Du kommst

einfach mit mir, Hund!«, sprach der Esel. »Ich ziehe nach Bremen und werde dort Musikant. Ich spiele Gitarre und du die Trommel. Na, wie wär das?!« Der Hund dachte nach und da ihm nichts Besseres einfiel und er nicht auf dem Weg weiter herumliegen wollte, ging er mit.

Hinter dem nächsten Ort sahen sie eine Katze am Wegesrand kauern, die ganz traurig dreinschaute. »Was ist mit dir los?«, fragte der Hund. »Ich kann keine Mäuse mehr jagen, ich bin einfach zu alt. Meine Beine wollen nicht mehr springen. So hat mich mein Frauchen weggejagt, stellt euch das vor!« Der Esel zögerte nicht lange und sprach: »Komm doch mit uns! Du kannst gut maunzen, da bist du in unserer Band genau richtig.« Die Katze bekam gute Laune und zog mit dem klapprigen Gespann weiter.

Eine Stunde später kamen sie an einem Hof vorbei und mussten sich die Ohren zuhalten, so laut schrie ein Hahn vom Dach herab. »Hahn, du schreist ja, als zöge ein hundertjähriges Gewitter auf! Was ist bloß los mit

10

dir?« – »Seit Jahren kikeriki ich auf diesem Hof und wecke morgens das ganze Dorf. Und nun hat sich ein feiner Herr zum Besuch angekündigt und da soll ich als Braten auf dem Tisch landen. Deshalb schreie ich so-lange, bis sie es sich anders überlegen.« – »Warum ziehst du nicht mit uns nach Bremen?«, fragte der Esel. Wir verdienen uns dort unser Geld als Musikanten. Du hast doch eine kräftige Stimme, da kannst du Sänger bei uns werden. Gesagt, getan, zog die klapprige Tierbande weiter in Richtung Bremen.

Sie liefen und liefen bis spät in die Nacht hinein. Als sie den Weg kaum noch vor Augen erblicken konnten, waren sie mitten in einem dunklen Wald angekommen. Sie wollten sich gerade unter einen Baum legen, als der Hahn bis an die Wipfel flog und nicht weit entfernt ein Licht

11

brennen sah. »Freunde, wir müssen nicht im Freien übernachten. Ich sehe eine Herberge!«, rief er. »Die kommt gerade recht«, sprach der Hund, »mir knurrt auch schon der Bauch. Vielleicht fällt da ja ein Knochen vom Tisch für uns ab?!«

Doch als sie an der Herberge ankamen und vorsichtig durch das Fenster schauten, sahen sie eine Bande Räuber am Tisch sitzen, allesamt üble Gesellen. Aber das Essen sah doch sehr lecker aus. Da sprach der Esel: »Wer sagt, dass wir hungrig im Freien übernachten müssen? Den Räubern wollen wir das Fürchten lehren!« So heckten die Tiere einen Plan aus. Der Hund sprang auf den Rücken des Esels, die Katze kletterte auf den Rücken des Hundes und oben drauf landete zu guter Letzt der Hahn. Fertig war der Tier-Turm. Auf ein Zeichen begannen sie Musik zu machen, was allerdings mehr klang, wie höllischer Lärm. Der Esel schrie, der Hund bellte, die Katze miaute und der Hahn krähte. Doch der Esel verlor das Gleichgewicht und der Tier-Turm stürzte mit einem lauten Krach durch die Scheibe.

Die Räuber erschraken und dachten, ein Gespenst käme durch das Fenster geflogen. Sie flohen aus dem Haus und liefen in alle Windrichtungen, bis sie sich in Sicherheit glaubten. Den Tieren war das recht. Sie setzten sich zufrieden an den Tisch und aßen sich genüsslich satt. Danach löschten sie das Licht und legten sich schlafen.

Im Morgengrauen hatten sich die Räuber vom ersten Schrecken erholt und sahen aus der Ferne, wie Ruhe in das Haus eingekehrt war. Der Anführer beschloss, einen seiner Männer nachsehen zu lassen. Der schlich sich auf Zehenspitzen in das Haus. Als er in die Küche kam, sah er in die leuchtenden Augen der Katze. Er hielt diese für kleine, glühende Kohlen und hielt ein Streichholz daran, um Feuer zu machen. Da sprang ihm die Katze ins Gesicht und kratzte ihn. Der Räuber schrie auf und rannte zur Tür, doch

da biss ihm der Hund ins Bein. Im Hof bekam er noch einen kräftigen Tritt von dem Esel, während der Hahn dazu lauthals krächzte.

Der Räuber rannte wie verrückt zu den anderen zurück und rief: »Im Haus lauert eine Hexe, die hat mir das Gesicht zerkratzt! An der Tür war ein Mann mit einem Messer, der stach mir ins Bein! Und auf dem Hof stand ein Ungeheuer, das mit einer Keule auf mich einschlug, während ein Höllenvogel vom Dach herabschrie!«

Die Räuber trauten sich von nun an nie wieder in ihr Haus. Die Tiere hingegen waren zwar nicht in Bremen angekommen, aber sie lebten glücklich in dem Räuberhaus weiter. Und immer, wenn ihnen langweilig wurde, bauten sie ihren Tier-Turm wieder auf und stimmten ein Liedchen an.

15

# Die goldene Gans

Es lebte einst eine Familie mit drei Söhnen am Rande des Waldes. Den Jüngsten hielten alle für dumm, obwohl er es nicht war. Es geschah, dass der älteste Sohn in den Wald gehen wollte, um Holz zu hacken und so gab ihm die Mutter Wein und einen köstlichen Eierkuchen als Proviant mit. Im Wald angekommen, begegnete er einem kleinen grauen Männchen, das zu ihm sprach: »Ich bin so hungrig und durstig. Hast du vielleicht etwas zu essen für mich?« Doch der Älteste ließ das Männlein einfach stehen und begann Bäume zu fällen. Da hieb er sich mit der Axt auf einmal in den Arm, schrie laut auf und lief verwundet zum Elternhaus zurück. Am Tag darauf machte sich der mittlere Sohn zum Holzhacken auf in den Wald. Die Mutter gab auch ihm eine Flasche Wein und einen Eierkuchen mit. Wie seinem Bruder, erschien auch ihm das graue Männchen und bat um etwas zu essen und zu trinken. Doch der Junge war noch garstiger als sein älterer Bruder und verjagte das Männlein. Die Strafe ließ nicht lange auf sich warten. Er hackte sich mit dem Beil ins

Bein und kehrte verletzt nach Hause zurück. Der jüngste Sohn wollte nun ebenfalls sein Glück versuchen. Aber im Gegensatz zu seinen Brüdern, gab die Mutter ihm nur trockenes Brot und saures Bier mit auf den Weg. Im Wald begegnete auch ihm das graue Männchen, und bat um etwas zu essen. »Du kannst gerne von meinem Vorrat essen und trinken, doch ich habe nur trockenes Brot und saures Bier bei mir«, entgegnet der Jüngling. Da berührte das graue Männchen das Brot und es verwandelte sich in Kuchen. Es berührte das Bier und es wurde zu köstlichem Wein. »Du hast ein warmes Herz«, sprach das Männlein, »darum will ich dir ein kleines Glück bescheren. Sieh, dort hinten steht eine Tanne. Fälle sie und du wirst schon sehen! Der Jüngling tat wie ihm geheißen. Auf dem Baumstumpf fand er eine Gans, die hatte goldenes Gefieder, das herrlich leuchtete. Glücklich zog der Jüngling weiter hinaus in die Welt, denn nach Hause zurück wollte er nicht mehr.

Auf seinem Weg begegnete er drei Wirtstöchtern, die, eine nach der anderen, sich eine goldene Gänsefeder stibitzen wollten. Doch sobald jemand nach der Gans griff, blieb dieser einfach an ihr kleben! So bildete sich hinter dem Jüngling und der Gans eine beachtliche Menschenkette, denn alle, die versuchten den Wirtstöchtern zu helfen von der Gans loszukommen, blieben ebenfalls aneinander haften. So hatte der Jüngling bald auch noch einen Pfarrer, zwei Küster und drei Bauern hinter sich versammelt. Nachdem die Menschenkette eine Weile umhergezogen war, erreichte sie eine Stadt, in der ein verbitterter König regierte.

Der König dieser Stadt sorgte sich um seine traurige Tochter, die niemand auf der Welt zum Lachen bringen konnte. Darum hatte er sogar ein Gesetz erlassen, dass derjenige, der sie zum Lachen brächte, sie auch heiraten dürfte. Als nun die Prinzessin die Gans mit den dahinter her trottenden Leuten sah, begann sie erst leise zu kichern und verfiel schließlich in schallend lautes Gelächter. Der König war erleichtert, doch so einfach wollte er seine

18

Tochter nicht irgendeinem dahergelaufenen Jüngling zur Frau geben. Also stellte er ihm eine Aufgabe: Er sollte einen Mann finden, der einen ganzen Keller voller Wein auszutrinken vermag.

Der Jüngling überlegte. Da fiel ihm das graue Männchen im Wald ein und er machte sich auf, um es zu suchen. An der Stelle, an der er zuvor die goldene Gans gefunden hatte, saß ein Mann, der klagte über einen unstillbaren Durst. »Ganz egal, wie viel ich trinke«, sprach er, »nach einer halben Stunde ist es, als hätte ich nie einen Tropfen geschmeckt.« Da brachte der Jüngling den durstigen Mann zum König und schon nach einem Tag hatte der Mann den gesamten Weinkeller ausgetrunken. Die Aufgabe war erfüllt. Wieder bat der Jüngling um die Hand der Prinzessin. Doch der König ersann eine neue Aufgabe: Nun sollte der Jüngling jemanden finden, der einen ganzen Berg voll Brot essen könne. Wieder ging er zu der Stelle im Wald. Dieses Mal saß dort ein unglaublich dicker Mann, der um seinen Bauch einen riesigen Gürtel gespannt hatte, damit dieser nicht auseinander platzte. Er klagte über seinen unbändigen Hunger, der niemals gestillt werden könnte. Also führte der Jüngling ihn zu dem Berg aus Brot des Königs, den er im Nu verschlang.

Da tobte der König und dachte sich eine neue, noch unlösbarere Aufgabe aus: Der Jüngling sollte ein Schiff bauen, das zu Wasser und an Land fahren könne.

Verzweifelt lief der Jüngling wieder in den Wald. Zu seiner Verwunderung erwartete ihn an der bekannten Stelle bereits das graue Männchen. »Zwei Mal habe ich dir schon geholfen. Sorge dich nicht, auch das dritte Mal lasse ich dich nicht im Stich!« Der Jüngling staunte: »Dann warst du sowohl der Weintrinker, als auch der Mann mit dem mächtigen Appetit?« Das Männchen nickte und sprach weiter: »Du hast mir in der Not geholfen. Das vergesse ich dir nicht. Menschen wie dich gibt es nicht viele auf der Welt!«

Und da zauberte das graue Männchen ein Schiff mit großen Segeln und Rädern herbei, das tatsächlich zu Wasser und an Land fahren konnte. Der Jüngling sprang auf das Schiffsdeck und machte sich auf den Weg zum König. Daraufhin gab dieser sich geschlagen. Die Hochzeit wurde mit einem großen Fest gefeiert und der, den alle einmal für dumm gehalten hatten, heiratete die Prinzessin. Er wurde später zum König der Stadt, einem sehr gutmütigen König, wohlgemerkt.

# Die Bienenkönigin

E s waren einmal drei Söhne. Die zwei Älteren hielten sich für schlauer und verspotteten den Jüngsten oft, nannten ihn manchmal sogar einen Dummling. Eines Tages wollten die beiden Älteren hinaus in die Welt ziehen, denn sie sehnten sich danach Abenteuer zu erleben. Auch der Jüngste wollte sie begleiten, doch sie lachten ihn aus: »Du, mit deiner Einfalt, willst dich durch die Welt schlagen? Wir zwei sind doch viel klüger und haben es schon schwer genug!« Der Vater bestand aber darauf, dass sie ihn mitnehmen sollten. Also zogen sie zu dritt los. Auf ihrem Weg kamen sie an einem Ameisenhaufen vorbei. Die beiden Älteren wollten den Haufen umwühlen und so unter den Ameisen Unruhe stiften. Doch der Jüngste hielt sie auf: »Lasst die Tiere in Frieden! Es kommt doch auch niemand auf unsere Burg und zerstört sie ohne Grund!« Da ließen sie davon ab und zogen weiter.

Kurze Zeit später gelangten sie an einen See, auf dem vergnügt eine Entenfamilie schwamm. Die älteren Brüder wollten die Enten fangen und über dem Feuer braten, doch auch davon hielt sie ihr kleiner Bruder ab.

Der Weg führte sie weiter durch einen Wald, in dem an einem hohlen Baum ein Bienenstock hing. Die älteren Brüder wollten die Bienen mit Feuer verjagen, um den ganzen Honig zu vernaschen. Doch der Jüngste redete solange auf seine Brüder ein, bis sie auch von dieser Idee abließen. Dann zogen sie weiter.

Alsbald gelangten sie an ein vergessenes Schloss. Aber vom Hofstaat war weit und breit kein Mensch zu sehen. Nur in den Ställen standen Pferde, die allerdings ganz zu Stein geworden waren. »Ob das Schloss wohl verzaubert ist?«, fragten sich die Brüder. Sie liefen durch die verlassenen Räume, bis sie endlich hinter einer Tür den König des Schlosses fanden. Der sprach kein Wort, aber er führte sie zu einer steinernen Tafel, auf der drei Aufgaben geschrieben standen. Löste man alle drei, würde man den Fluch brechen, der auf diesem Schloss lag. Löste man die Aufgaben hingegen nicht, würde man selbst zu Stein erstarren.

Die erste Aufgabe lautete, bis zum Sonnenuntergang die tausend verlorenen Perlen der Königstöchter im Wald zu finden. Der älteste Bruder lief hinaus und begann im Unterholz zu suchen. Doch bis zum Abend hatte er nur hundert Perlen zusammengetragen. Als die Sonne am Horizont unterging, erschrak er und wurde sogleich zu Stein. Dem zweiten Bruder erging es nicht viel besser. Er fand zwar hundert Perlen mehr, aber dennoch nicht alle. So wurde auch er zu Stein, als die Nacht kam.

Am nächsten Tag ging der Jüngste los, um sich an der Aufgabe zu versuchen. Im Wald kamen ihm die Ameisen zu Hilfe, die er vor seinen Brüdern gerettet hatte. Zu Tausenden halfen sie ihm suchen und noch ehe die Sonne mittags am höchsten stand, waren alle Perlen gefunden.

Die zweite Aufgabe lautete, einen Schlüssel aus dem See zu fischen, der zum verwunschenen Zimmer der Königstöchter führte. Als der Jüngste zum See kam, erinnerten sich die Enten an ihn. Er hatte doch auch ihnen das Leben gerettet! Schnell tauchten sie um die Wette und fanden den Schlüssel an der tiefsten Stelle. Wie glücklich war da der jüngste Bruder, auch diese Aufgabe hatte er, dank der Tiere, bewältigt!

Aber die dritte Aufgabe erschien unlösbar. Der König hatte drei Töchter, die in dem verwunschenen Zimmer schliefen. Der Jüngling sollte nun unter den schlafenden Schönheiten herausfinden, welche von ihnen die Jüngste sei. Doch alle drei glichen einander wie ein Ei dem anderen und waren daher nicht zu unterscheiden. Aber sie hatten alle vor dem zu Bett gehen verschiedene Süßigkeiten genascht: Die Älteste ein Stück Zucker, die Zweite etwas Sirup und die Dritte und Jüngste einen Löffel voll Honig.

Da flog durch das Fenster die Bienenkönigin herein, die sich erinnerte, dass der Jüngling ihre Bienen vor dem Feuer gerettet hatte. Sie umkreiste die Münder der Königstöchter und blieb auf einem sitzen. »Das muss die Jüngste sein!«, rief der Jüngling aus, denn diese hatte den Honig genascht. Da brach der Bann mit einem lauten Donner und alles, was zu Stein geworden war, wurde wieder lebendig. Zum Dank erhielt der Jüngste nicht nur seine älteren Brüder zurück – er durfte auch die jüngste Königstochter heiraten und wurde später König. Einen Dummling hatte ihn niemals jemand mehr genannt.

# Der Froschkönig

In den alten Zeiten, als das Wünschen noch in Mode war, lebte einst eine Prinzessin, die war so schön, dass selbst die Sonne immer wieder staunte, wenn sie in ihr liebliches Gesicht schien. Vor dem Schloss der Königsfamilie lag ein kleines Wäldchen, in dem unter einer Birke ein Brunnen stand. Oft nahm die Prinzessin ihr liebstes Spielzeug – eine goldene Kugel – mit an den Brunnen und spielte dort mit ihr.

Eines sonnigen Tages fiel der Königstochter dabei die Kugel in den Brunnen. Sie konnte ihr mit den Augen nur noch hinterher sehen, bis die Kugel in der Tiefe verschwunden war. Da weinte die Prinzessin sehr und wie sie da saß und sich nicht zu helfen wusste, hörte sie auf einmal eine Stimme zu ihr sprechen: »Was ist mit dir, Königskind? Du klingst, als hättest du dir ein Leid getan.« Die Prinzessin sah sich um und erblickte zu ihrem Erstaunen keinen Menschen, sondern einen Frosch. – »Mir ist mein liebstes Spielzeug in den Brunnen gefallen, meine goldene Kugel. Was soll ich nur

28

tun? Sie ist ein Geschenk meines Vaters. Ohne sie traue ich mich nicht ins Schloss zurück!« – »Weine nicht, Königstochter, ich kann dir wohl helfen. Doch was schenkst du mir im Gegenzug?«, erwiderte der Frosch außergewöhnlich fordernd. – »Alles kannst du haben, was mir gehört: Kleider, Perlen, meine Krone. Nenne es nur beim Namen und es wird dein sein!« Der Frosch entgegnete: »All die Reichtümer interessieren mich nicht. Aber ich wäre gern dein Freund! Ich möchte mit dir spielen, an deinem Tisch im Schloss sitzen, in deinem Bett schlafen. Wenn du mir das alles versprichst, hole ich die Kugel wieder herauf!« Die Prinzessin dachte nicht weiter über die Konsequenzen ihrer Worte nach und versprach dem Frosch das, was er sich gewünscht hatte.

Der Frosch tauchte tief in den Brunnen hinab und erschien schon bald mit der Kugel wieder an der Wasseroberfläche. Die Königstochter war überglücklich, ihr geliebtes Spielzeug wieder in den Händen zu halten. Sie schnappte sich die Kugel, vergaß sich bei dem Frosch zu bedanken und lief freudestrahlend zum Schloss zurück. Der Frosch rief ihr noch hinterher, doch die Prinzessin hörte ihn schon nicht mehr.

Am nächsten Tag saß die Prinzessin mit dem König und den Hofleuten an der Tafel und speiste. Da klopfte es an der Tür. »Königstochter, mach mir auf! Ich bin es, dein Freund!«, rief von draußen der Frosch. Die Prinzessin wurde kreidebleich.

»Was ist mit dir, Kind? Wovor fürchtest du dich? Steht da etwa ein Riese vor der Tür?« Die Prinzessin begann zu jammern: »Ein Riese ist es nicht, lieber Vater, es ist ein Frosch.« Unter Tränen erzählte sie ihm von dem Vorfall am Brunnen. Der König hörte geduldig zu, dachte nach und sagte dann: »Was du versprochen hast, das musst du auch halten! Also lasst den Frosch herein, er soll mit uns speisen.«

31

Der Frosch hüpfte zur Tür herein. Man stellte einen Stuhl für ihn bereit, von dem aus er allerdings auf den Tisch sprang. Man gab ihm einen Teller, damit er auch standesgemäß essen konnte. Die Prinzessin verdrehte die Augen, seufzte tief und hoffte, nach dem Essen würde der Spuk beendet sein. Doch der Frosch sprach nach dem Mahl: »Nun bin ich satt und müde. Lass uns hinauf in dein Schlafgemach gehen. Dort werden wir es uns zusammen gemütlich machen, so wie du es mir versprochen hast!« Die Königstochter zog wütend die Luft ein und warf ihrem Vater einen flehenden Blick zu, doch der blickte nur warnend und gab ihr zu verstehen, dass sie dem Wunsch zu gehorchen hatte.

So patschte der Frosch Stufe für Stufe die Treppe hinauf zum Schlafgemach, bis die beiden vor dem Himmelbett der Prinzessin standen. »Heb mich in dein Bett, holde Maid«, sprach der Frosch, »oder ich erzähle es deinem Vater!« Da wurde die Königstochter so wütend, dass sie den Frosch griff und mit voller Wucht gegen die Wand schleuderte. »Das hast du von deiner Frechheit, du abstoßendes Tier!«, rief sie ihm noch hinterher.

Plötzlich gab es einen lauten Knall. Nahe der Stelle, wo der Frosch gegen die Wand geprallt war, stand auf einmal ein gut aussehender Prinz. Aufgeregt berichtete er der Königstochter, dass er von einer bösen Hexe mit einem Bann belegt worden war. Seitdem hatte er als Frosch in dem Brunnen vor dem Schloss leben müssen. Nur eine Prinzessin war dazu bestimmt, ihn erlösen zu können. Die beiden fassten sich an den Händen, liefen sogleich zum König und baten ihn um seinen Segen für ihre Heirat. Der König war natürlich einverstanden, so glücklich hatte er seine Tochter noch nie gesehen. Die Trauung wurde vor dem Brunnen geschlossen und wenn sie nicht gestorben sind, so leben sie noch heute, glücklich und zufrieden.

# Rotkäppchen

Es war einmal ein kleines Mädchen, das hatte jedermann lieb. Doch die Großmutter, die im Wald wohnte, hatte es besonders in ihr Herz geschlossen. Deshalb schenkte sie dem Mädchen eines Tages ein rotes Käppchen aus Samt, das ihr so gefiel, dass sie nun jeden Tag die Kappe trug und von allen fortan Rotkäppchen genannt wurde.

Eines Morgens sprach die Mutter zu Rotkäppchen: »Deine Großmutter liegt krank in ihrem Bett. Ich habe einen Korb mit Kuchen und feinem Traubensaft gepackt. Bitte bring ihr die Leckereien, dann wird es ihr bald besser gehen. Aber halte dich stets auf dem Weg und komm nicht von ihm ab!«

Wie Rotkäppchen so vor sich hin trällernd durch den Wald lief, begegnete ihr der Wolf. Noch nie zuvor hatte sie einen Wolf gesehen. So wusste sie auch nicht, wie gefährlich er war.

»Wohin des Wegs, gutes Mädchen?« sprach er sie an. »Zu meiner Großmutter laufe ich«, antwortete Rotkäppchen. »Sie liegt krank im Bett, weißt du?« »Oh, das tut mir aber leid«, heuchelte der Wolf und begann einen unerhörten Plan auszuhecken. »Das Mädchen schmeckt bestimmt lecker, aber die Großmutter würde ich ebenso gern verspeisen!«, dachte er. Also fragte er so nebenbei, wie möglich: »Sag, wo wohnt denn dein liebes Großmütterchen?«

Und Rotkäppchen beschrieb ihm, nichts böses ahnend, den Weg. »Sieh nur, welch wunderschöne Blumen dort hinten stehen«, sprach der Wolf und zeigte auf eine ferne Waldlichtung. »Willst du denn deiner Großmutter gar keine mitbringen?« – »Oh ja, du hast ganz recht«, nickte Rotkäppchen. »Wie Gut, dass du mich erinnerst! Sie wird sich sicher darüber freuen!« Und so lief sie vom Weg ab, sang weiter ihre Lieder und pflückte für ihre Großmutter einen prächtigen Strauß.

Währenddessen schlich sich der Wolf zum Haus der Großmutter und klopfte an die Tür. »Wer ist denn da?«, rief die Alte. »Ich bin's, dein Rotkäppchen!«, säuselte der Wolf mit verstellter Stimme. – »Die Tür ist auf, komm nur herein! Ich bin zu schwach, um selbst aufzustehen.« Da schlich sich der Wolf zum Bett der Großmutter und verschlang sie sogleich mit einem großen Bissen. Dann suchte er im Schrank nach Kleidern der Großmutter und zog sie sich über. Zufrieden legte er sich ins Bett und wartete auf Rotkäppchen.

Die hatte inzwischen so viele Blumen gesammelt, dass sie diese kaum mehr tragen konnte. Da fiel ihr die Großmutter wieder ein und sie lief eilig zum Weg zurück. Als sie am Waldhaus ankam, wunderte sie sich, dass die Tür sperrangelweit offen stand. Sie rief: »Guten Morgen!«, doch niemand antwortete ihr. Zögerlich ging sie in das Haus und trat an das Bett der Großmutter. Der Wolf hatte die Schlafhaube der Großmutter so weit über den Kopf gezogen, dass man kaum noch etwas von seinem Gesicht erkennen konnte.

»Ach, Großmutter«, sagte Rotkäppchen, »warum hast du nur so große Ohren?« – »Damit ich dich besser hören kann!«, nuschelte der Wolf mit verstellter Stimme. »Ach, Großmutter«, fragte Rotkäppchen weiter, »warum hast du denn so große Hände?« – »Damit ich dich besser greifen kann«, sprach der Wolf. Rotkäppchen wurde ganz eigenartig zumute. Sie blickte auf das Maul des Wolfs und fragte zögernd: »Ach Großmutter, und warum hast du so ein großes Maul?« – »Damit ich dich besser fressen kann!«, brüllte der Wolf auf einmal und verschlang das Mädchen von Kopf bis Fuß. Dann fühlte er sich erschöpft, legte sich wieder in das Bett und begann laut zu schnarchen.

Da lief ein Jäger am Waldhaus vorbei und hörte das Schnarchen, das so laut wie eine Säge klang. »Das kann doch unmöglich das alte Großmütterchen sein!«, dachte er sich. Also trat er durch die offene Tür, um nach dem Rechten zu sehen. Als er den Wolf im Bett liegen sah, zog er sein Gewehr hervor: »Wie lange habe ich auf dich schon gewartet, du Unhold!« Gerade wollte er abdrücken, als ihm einfiel, dass der Wolf das Großmütterchen ja verspeist haben könnte. Vielleicht lebte sie noch im Bauch? Da nahm er eine Schere und schnitt dem schlafenden Wolf rasch den dicken Wanst auf. Schon nach ein paar Schnitten sah er eine rote Kappe leuchten und nach einem letzten Schwung mit der Schere sprang Rotkäppchen aus dem Bauch und zog ihre Großmutter gleich mit heraus.

Die beiden fielen dem Jäger in die Arme und waren überglücklich. Dann liefen Rotkäppchen und der Jäger in den Wald, um dicke Wackersteine zu holen. Die füllten sie dem Wolf in den Leib. Als der erwachte, woll-

te er fortspringen, doch die Steine in seinem Bauch waren so schwer, dass er in sich zusammenbrach. Der Wolf war tot! Der Jäger zog dem Unhold den Pelz ab, die Großmutter trank vom leckeren Traubensaft und aß den Kuchen. Sogleich fühlte sie sich besser. Rotkäppchen aber sagte zu sich selbst: »Vom Weg wirst du nie wieder abkommen, wenn es dir verboten wurde!«

# Die drei kleinen Schweinchen

Es war einmal eine Schweinemutter, die hatte drei Kinder – die drei kleinen Schweinchen. Die waren nun groß geworden und fraßen so viel, dass die Mutter ihnen eines Tages sagte, dass sie nun alt genug seien, um allein zu leben. Da machten sich die drei Schweinchen auf, um jeweils ein eigenes Haus zu bauen.

Das erste Schweinchen begegnete unterwegs einem Mann mit einem Ballen Stroh unterm Arm. Das schwatzte ihm das Schweinchen im Tausch gegen ein paar Borsten ab und baute sich daraus ein Haus aus Stroh. Und weil es mit der Arbeit so schnell fertig war, lag es danach faul herum und dichtete ein Lied:

»Ich hab' ein schönes Haus aus Stroh,
ich bin so sicher und so froh.
Und kommt der böse Wolf vorbei,
dann lache ich, juchei!«

Das zweite Schweinchen traf auf einen Mann mit einem Karren voller Holz. Es gab ihm von seinen Borsten ab und nahm von dem Stapel so viel Holz, wie es brauchte. Daraus baute es sich ein Häuschen aus Holz. Als das Schweinchen mit der Arbeit fertig war, schaukelte es zufrieden in einer Hängematte und sang ein Lied:

»Ich hab' ein schönes Haus aus Holz,
ich bin so sicher und so stolz.
Und kommt der böse Wolf vorbei,
dann lache ich, juchei!«

41

Das dritte Schweinchen hatte die Männer mit dem Stroh und Holz absichtlich vorbeiziehen lassen. Erst als es einen Mann traf, der Ziegelsteine auf seinem Wagen transportierte, hielt es ihn an. »Gib mir von deinen Ziegelsteinen, ich will mir ein Haus daraus bauen!« Der Mann gab die Steine für die Borsten des Schweinchens und der Tausch war besiegelt. Es dauerte drei Tage und drei Nächte, dann stand das Stein-Haus des Schweinchens. Zufrieden blickte es aus seinem Fenster und dichtete ein Lied:

»Ich hab' ein schönes Haus aus Stein,
es ist so sicher und so fein.
Und kommt der böse Wolf vorbei,
dann lache ich, juchei!«

So lebten die drei Schweinchen glücklich und zufrieden, jedes in seinem Häuschen. Doch eines Tages hörte der Wolf von den drei Schweinchen. Bei dem Gedanken an ihre Bäuche lief ihm das Wasser im Mund zusammen und er machte sich auf den Weg, sie zu jagen. Er kam an das Strohhaus des ersten Schweinchens, klopfte an die Tür und sprach: »Liebes, gutes Schwein, lass mich doch zu dir herein!« Doch das Schweinchen antwortete: »Bin ganz allein, ganz allein, ich lass dich nicht ins Haus herein.« Da strampelte und trampelte der Wolf vor Wut. Er pustete so stark, bis das Strohhaus in sich zusammenfiel. Das Schweinchen nahm seine Beine in die Hände und rannte um sein Leben in das Holzhaus seines Bruders. Da lief der Wolf zum Holzhaus und säuselte hinterhältig: »Liebes, gutes Schwein, lass mich doch zu dir herein!« Das zweite Schweinchen antwortete ebenso: »Bin nicht allein, nicht allein, ich lass dich nicht ins Haus herein.« Da strampelte und trampelte der Wolf so lange gegen das Holzhaus, bis auch dieses in sich zusammenbrach. Todesängstlich liefen die beiden Schweinchen zum Ziegelhaus ihres Bruders, der ihnen schon von Weitem die Tür aufhielt.

Auch hier sprach der Wolf mit spitzer Zunge: »Liebes, gutes Schwein, lass mich doch zu dir herein!« Und das dritte Schweinchen antwortete: »Bin nicht allein, nicht allein, ich lass dich nicht ins Haus hinein.« Und der Wolf begann wieder zu strampeln und zu trampeln. Er hustete und prustete und warf sich mit seinem ganzen Gewicht gegen das Haus, doch die Steine hielten dem Wolf stand. Da wurde er schrecklich wütend und brüllte: »Gleich habe ich euch! Es gibt noch andere Wege, um in das Haus zu kommen!« Und er kletterte auf das Dach, um durch den Schornstein einzusteigen. Die drei Schweinchen sahen sich an: »Was sollen wir tun?« – »Wir zünden ein Feuer im Kamin an! Damit werden wir dem Unhold einheizen!«, rief das zweite Schweinchen. »Und ich hänge einen großen Topf mit Wasser über dem Feuer auf!«, sagte das dritte Schweinchen. Als der Wolf nun durch den Schornstein kam, plumpste er mit einem lauten Krach direkt ins kochende Wasser. Schnell schoben die drei Schweinchen den Deckel auf den Topf und begannen zu tanzen und zu singen: »Der Wolf ist tot! Der Wolf ist tot! Ein Ende hat die große Not!«

Die zwei Schweinchen bauten sich nun ebenso Häuser aus Ziegelsteinen neben dem ihres Bruders und fortan lebten alle sicher und glücklich.

# Hänsel und Gretel

Am Rande eines großen Waldes lebte einst ein Mann mit seinen zwei Kindern. Der Junge hieß Hänsel und das Mädchen Gretel. Die Mutter der Kinder war vor ein paar Jahren gestorben und so nahm sich der Mann eines Tages eine neue Frau. Doch die Stiefmutter war böse in ihrem Herzen. Sie konnte die Kinder nicht leiden, denn es waren nicht ihre eigenen. Die Familie litt unter großem Hunger und so sprach die Frau zu dem Mann: »Wir haben gerade genug für uns beide zu essen! Lass uns die Kinder in den Wald führen und sie dort zurück lassen. Sie sollen ihren Weg alleine finden.« – Der Vater schüttelte den Kopf: »Das bringe ich nicht über mich, die Tiere des Waldes werden sich auf sie stürzen!« Doch die Frau redete so lange auf ihn ein, bis er schweren Herzens nachgab.

Hänsel und Gretel hatten wach gelegen und gehört, was die beiden entschieden hatten. Gretel weinte bitterlich: »Was sollen wir nur tun?« Doch Hänsel beruhigte sie, er hatte sich einen Plan überlegt. Noch bevor der

Vater und die Frau erwachten, wollte er vor das Haus laufen und Kieselsteine sammeln.

Am nächsten Morgen zogen die vier in den Wald. Hänsel ließ auf dem Weg nach und nach die kleinen Steine fallen. Sie sollten den Geschwistern später den Weg zurück zeigen. An einer Lichtung machte die Frau ein Feuer für die Kinder und gab ihnen zu essen. »Euer Vater und ich gehen nun Holz fällen«, sprach sie, »bleibt hier und wacht über das Feuer, bis wir euch abholen.« Doch als es dunkel wurde, waren die beiden noch immer nicht zurück. Hänsel und Gretel warteten, bis der Mond über dem Wald erschien und suchten in seinem Licht nach den Kieselsteinen. So fanden sie ihren Weg zum Haus zurück.

Der Vater war glücklich, die beiden wieder bei sich zu haben. Doch die Frau war verärgert. Sie überzeugte den Vater, die Kinder am nächsten Tag noch einmal in den Wald zu führen und dort allein zu lassen. Aber Hänsel und Gretel hatten heimlich gelauscht. Als die Stiefmutter und der Vater schliefen, suchte Hänsel ein Stück Brot im Haus. Dieses Mal wollte er auf dem Weg Brotkrümel fallen lassen, die ihnen den Weg nach Hause weisen sollten.

Wieder zogen die vier am nächsten Tag in den Wald. Wieder ließen der Vater und die Frau die beiden am Feuer zurück und übergaben sie ihrem Schicksal. Als der Mond aufging und Hänsel und Gretel in dessen Licht nach den Brotkrumen suchten, hatten die Tiere des Waldes alle Krümel bereits aufgefressen. So irrten die beiden durch den Wald, ohne nach Hause zurückzufinden. Gretel begann zu weinen, doch ihr Bruder beruhigte sie: »Sorge dich nicht, Schwesterchen. Es wird alles gut, glaube mir einfach. Ich fühle es in meinem Herzen!« Und so kuschelten sie sich aneinander und schliefen ein.

Im ersten Morgenlicht sahen sie ein schneeweißes Vögelchen, das von Baum zu Baum hüpfte. Dann zirpte es ganz laut und flog in die Richtung einer kleinen Lichtung. Die Kinder liefen ihm nach und erblickten zu ihrer Freude ein Haus, das von oben bis unten mit Lebkuchen und Süßigkeiten verziert war. Die beiden sprangen vor Glück in die Luft. Hänsel krabbelte auf das Dach und Gretel begann unter den Fenstern an den Lebkuchen zu knabbern. Plötzlich rief eine Stimme aus dem Haus:

»Knusper, knusper, Knäuschen,
wer knuspert an meinem Häuschen?«
Die Kinder antworteten:
»Der Wind, der Wind,
das himmlische Kind!«

Da trat eine alte Frau mit einem Buckel vor die Tür. »Ei, ei – ihr lieben Kinderlein, kommt nur herein!«, sprach sie verzückt und trug Äpfel, Nüsse und Pfannkuchen auf den Tisch. »Lasst es euch schmecken, bei mir werdet ihr es gut haben!« Die Kinder waren so ausgehungert, dass sie sich nichts dabei dachten und sich die Bäuche vollschlugen. Doch die Alte hatte sich nur freundlich gestellt. In Wirklichkeit war sie eine böse Hexe, die kleine Kinder aß. Am Abend packte sie Hänsel und sperrte ihn in einen Käfig. Gretel zwang sie, das Essen zu kochen und Hänsel gut zu füttern.

Jeden Morgen trat die Alte nun an den Käfig und befahl Hänsel ihr seinen Finger zu reichen. Sie wollte fühlen, ob er schon kräftig genug war, um verspeist zu werden. Doch Hänsel reichte der Alten stets einen Hühnerknochen, den er gefunden hatte, durch das Gitter. So verstrich die Zeit und lange glaubte die Hexe, der Junge sei noch nicht dick genug.

Irgendwann überkam sie jedoch der Hunger und so befahl sie Gretel den Ofen anzufeuern. Sie wollte Hänsel nun braten. Aber Gretel stellte sich dumm und sprach zur Hexe: »Ich weiß nicht, wie ich das anstellen soll. Bitte zeig es mir, dann will ich tun, was du mir befiehlst!« Die Alte keifte: »Du dummes Ding, muss man dir denn alles erklären?« Sie kniete sich vor den Ofen und schaute mit dem Kopf hinein. Da gab ihr Gretel von hinten einen kräftigen Stoß, sodass die Hexe ins Feuer fiel.

Gretel schloss die Ofentür, dann lief sie zum Käfig und befreite ihren Bruder. Sie fielen sich in die Arme und sangen: »Die Hexe ist tot! Die Hexe ist tot!«

Im Haus fanden sie Säcke voller Gold, sowie Edelsteine und damit beladen machten sie sich auf den Weg nach Hause. Wie würde der Vater staunen, wenn sie mit solchen Reichtümern heimkehrten! So schnell ihre Beine sie trugen, liefen sie durch in den Wald und suchten nach dem Weg. Und wie sie so liefen, kam ihnen nach einer Weile die Gegend immer vertrauter vor. Bald erblickten sie aus der Ferne ihren Vater vor dem Haus und rannten auf ihn zu. Der konnte sein Glück kaum fassen und schloss die beiden fest in seine Arme. Seitdem er wusste, dass seine Kinder allein im Wald umherirrten, plagte ihn das schlechte Gewissen. Jeden Tag war er seitdem in den Wald gegangen und hatte nach ihnen gesucht. Die böse Stiefmutter war inzwischen gestorben. So lebten Hänsel, Gretel und ihr Vater fortan glücklich und zufrieden zusammen und mussten nie mehr Hunger leiden.

# Aschenputtel

Es war einmal ein Mädchen so schön und anmutig, dass es einer Prinzessin glich. Das Mädchen lebte glücklich, doch eines Tages starb die Mutter und der Vater suchte sich eine neue Frau. Die Stiefmutter brachte zwei garstige Töchter mit auf den Hof. Sie nahmen dem Mädchen die schönen Kleider weg und verdammten es zur Hausarbeit. Als es am Ende des Tages von der Arbeit beschmutzt und traurig in der Küche saß, lachte die Stiefmutter es aus: »Seht nur, wie unser Prinzesschen heute aussieht, wie ein Aschenputtel!« Von dem Tag an rief man das Mädchen nur noch Aschenputtel. Als der Vater zu einer neuen Reise aufbrach, fragte er seine Töchter, was er ihnen mitbringen könnte. »Schöne Kleider«, sagte die Erste, »Edelsteine und Broschen«, erwiderte die Zweite. Der Vater blickte auf Aschenputtel, die sich nicht getraut hatte, einen Wunsch zu äußern. »Ach, brich mir einfach das erste Ästlein ab, das deinen Weg kreuzt. Der Vater tat, wie ihm geheißen und brachte von seiner Reise alle Geschenke mit. Aschenputtel nahm den Zweig und ging damit zum Grab ihrer Mutter. Sie pflanzte

den Zweig in den Boden und weinte. Dabei fielen ihre Tränen auf das Ästlein und ließen es wachsen. So oft Aschenputtel zu ihrer Mutter ans Grab kam, sprach und sich dabei vorstellte, die Mutter lebe im Himmel weiter, so wuchs auch das Ästlein und wurde schließlich ein kräftiger Baum. Und manchmal ließ sich eine weiße Taube auf dem Baum nieder und blieb bei Aschenputtel, bis diese wieder zum Hof zurückging.

Die Zeit verging und es begab sich, dass der König alle schönen Jungfrauen des Landes zu einem Ball auf sein Schloss einlud. Sein Sohn, der Prinz,

sollte sich nämlich endlich vermählen. Auch Aschenputtel wollte gern auf den Ball gehen. Doch die Stiefmutter nahm eine große Schüssel voll Linsen und schüttete sie über einen Haufen Asche. »Erst wenn du alle Linsen aussortiert hast, kannst du mit zum Ball kommen!« Aschenputtel fiel auf die Knie und weinte bitterlich. Doch da flog auf einmal die weiße Taube herbei und klopfte ans Fenster. »Ihr lieben Täubchen, wollt ihr mir helfen?«, fragte Aschenputtel. »Dann kommt alle her: Die guten ins Töpfchen, die schlechten ins Kröpfchen!« Eine ganze Schar Tauben flog in das Zimmer und begann zu picken. Binnen einer Stunde waren alle Linsen ausgelesen.

Nur ein Kleid für den Ball besaß Aschenputtel noch nicht. Da lief sie zum Grab ihrer Mutter und weinte. Als sie da saß und auf das Bäumchen schaute, kam ihr ein Gedanke: »Wer an Wunder glaubt, muss sie sich auch herbei wünschen.« Also rief sie zum Baum:

»Bäumchen, rüttel dich,
Bäumchen, schüttel dich!
Wirf Gold und Silber über mich!«

Da fiel durch einen Zauber ein Kleid aus Gold und Silber, mit Schleier und glitzernden Schuhen vom Baum hinunter. Dieses sollte ihr bis Mitternacht gehören. Welche Freude! Aschenputtel zog das Kleid sogleich an und eilte zum Ball. Sie legte sich den Schleier über das Gesicht, sodass die Stiefmutter und die Stiefschwestern sie nicht wieder erkennen konnten. Als der Prinz Aschenputtels anmutiges Wesen sah, ging er zu ihr und tanzte den ganzen Abend nur noch mit ihr. Doch gerade als er sie fragen wollte, wer sie war, lief sie auf und davon, da der Zauber um Mitternacht enden würde. Das Fest dauerte drei Tage und auch an den anderen Tagen ging Aschenputtel wieder zum Bäumchen, um sich ein Kleid zu wünschen. Dann tanzte sie die halbe Nacht mit dem Prinzen und verschwand wieder ungesehen zu später Stunde. Doch der Prinz wollte sie nicht einfach so verlieren. So ließ er die Treppe zum Schloss am dritten Tag mit Pech bestreichen. Und als Aschenputtel nachts wieder fliehen wollte, blieb einer ihrer Schuhe, zierlich, klein

und golden, auf der Treppe haften. Der Königssohn fand den Schuh und rief: »Wem dieser Schuh passt, der soll meine Gemahlin werden!« Und so fuhr er durch das Königreich und ließ jedes Mädchen den Schuh anprobieren. So kam er auch an den Hof der bösen Stiefmutter, die sogleich ihre Töchter herbeirief. Doch der Schuh wollte keiner Tochter passen. So schnitt sie der Einen den Zeh ab. Diese verbiss sich den Schmerz, steckte ihren Fuß in den Schuh und lief mit gequältem Lächeln zum Prinzen. Der meinte endlich die Richtige gefunden zu haben, setzte sie auf sein Pferd und wollte mit ihr zum Schloss reiten. Doch als sie am Grab der Mutter vorbeikamen, rief ein Täubchen vom Ast herunter:

»Rucke di guh,
Blut ist im Schuh!
Der Schuh ist zu klein,
die echte Braut sitzt noch daheim!«

Da sah der Prinz das Blut am Schuh. Er wurde wütend und ritt zurück zum Hof. »Die hier ist die Falsche! Habt Ihr nicht noch eine andere Tochter?«, rief er dem Vater zu. Der antwortete, es gäbe da noch ein Aschenputtel, aber das könne doch nicht die Prinzessin sein, die er suche. Als der Prinz darauf bestand, das Mädchen trotzdem zu sehen, schickte man Aschenputtel zu ihm. Er streifte ihr den Schuh über, der wie angegossen passte. Der Prinz blickte ihr ins Gesicht und erkannte das Mädchen, das mit ihm getanzt hatte und das er begonnen hatte zu lieben. »Das ist meine Braut!«, rief er freudig aus. Aschenputtel stieg zu ihm aufs Pferd und sie ritten davon. Und sie lebten fortan glücklich bis an ihrer Tage Ende.

# Die Prinzessin auf der Erbse

Es lebte einst ein Prinz, der von einem Buben zu einem jungen Mann herangewachsen war und nun eine Prinzessin heiraten wollte. So zog er suchend durch die Lande. Doch wohin er auch kam, nie hatte er das Gefühl, einer wahren Prinzessin begegnet zu sein. Zwar gab es viele vermeintliche Prinzessinnen unter den Mädchen, die er umwarb, aber immer dachte er: »Nein, es fehlt mir etwas. Eine echte Prinzessin muss etwas ganz Besonderes haben«, und dann zog er wieder weiter.

Bekümmert von seiner erfolglosen Brautschau, kehrte er ins heimatliche Schloss zurück. Am Abend zogen sich die Wolken zu dunklen Türmen zusammen und es begann zu blitzen und zu donnern. Da klopfte es am Schlosstor und man brachte der Königsfamilie ein Mädchen in den Saal. Es war von oben bis unten durchnässt, doch es stand aufrecht und würdevoll da und sprach: »Ich bin Prinzessin Amelia und auf einer Reise ausgeraubt worden. Und jetzt stehe ich, nass wie ein Pudel, vor euch und habe nur noch das bei mir, was ich am Leib trage! Bitte lasst mich in eurem Schloss übernachten.«

Der Prinz sah das Mädchen an und ihm wurde ganz warm ums Herz. Doch er wusste nicht, ob er ihr glauben konnte. War sie eine echte Prinzessin? Die Königin war überzeugt davon, es hier mit einer Lügnerin zu tun zu haben und ersann eine List. Sie ließ das Gästezimmer herrichten und befahl den Dienern, so viele Matratzen wie möglich übereinander zu stapeln. Dann schob sie eine kleine, grüne Erbse darunter und ließ das Mädchen in das Zimmer führen. »Nun werden wir ja sehen, wie viel Prinzessin wirklich in ihr steckt!«, lachte sie sich ins Fäustchen.

Am nächsten Morgen rief sie das Mädchen zu sich. »Nun, wie hast du geschlafen?« – »Frau Königin, ach, ich habe große Schmerzen«, begann das Mädchen und hielt sich mit den Händen ihren Rücken. »Die ganze Nacht habe ich kein Auge zugetan. Schrecklich geht es mir! Mein Kreuz fühlt sich an, als hätte ich auf Steinen geschlafen!« Sie war gar nicht zu beruhigen. Da wusste die Königin, dass das Mädchen nur eine wahre Prinzessin sein konnte. Denn wer, außer einer Prinzessin, würde eine Erbse, die unter so vielen Matratzen lag, spüren können?

Der Prinz war überglücklich. Monatelang war er auf der Suche gewesen und nun hatte ihm der Himmel seine Prinzessin direkt ins Haus geschickt. Die beiden heirateten und wurden ein unzertrennliches Paar. Die Erbse bekam einen sicheren Platz im Schloss, auf dass sie niemals verloren ginge. Denn wer würde sonst glauben, dass eine kleine Erbse der Anlass für eine königliche Hochzeit war?

# Melusine

In einem fremden Land lebte einst ein stattlicher Ritter namens Raymond, der die Jagd liebte. Eines Tages jedoch passierte etwas Unvorhergesehenes, etwas Schreckliches: Raymond ging mit seinem Onkel auf die Jagd im Wald und als er ein Reh erblickte, schoss er danach. Sein Onkel hatte das Reh nicht bemerkt und so ritt er in genau dem Augenblick vor Raymonds Ziel. Anstelle des Tiers wurde sein Onkel von der Kugel getroffen und starb. Raymond überkam zuerst Trauer und dann Angst, denn er wusste, dass der Galgen ihn erwartete, wenn sich der Vorfall herum sprach. Was sollte er nur tun? Nach Hause zurück kehren konnte er nicht mehr und so floh er in den tiefen Wald hinein. Da drang durch seine dunklen Gedanken plötzlich ein lieblicher Gesang an sein Ohr. Dieser klang so wunderbar und anmutig, dass er in Richtung der Stimmen ritt. Sie führten ihn zu einem Brunnen, an dem drei Mädchen von atemberaubender Schönheit saßen.

Eine von ihnen war Melusine. Sie sah den Jüngling, erkannte seine Verzweiflung und näherte sich ihm: »Schöner Ritter, dein Gesicht sieht aus,

als wärest du auf der Flucht vor zehn Drachen! Was ist dir zugestoßen?« – Raymond erzählte Melusine vom Unglück jener Jagd und seiner Angst getötet zu werden. Melusine jedoch sah ihn freudig an und es keimte eine Hoffnung in ihr. Denn sie war eine Fee und lebte seit Jahren mit einem schrecklichen Fluch. An jedem sechsten Tag wurden ihre zarten Beine zum Schwanz einer Schlange und erst nach Mitternacht erhielt das schöne Mädchen ihre wahre Gestalt zurück. »Wenn er mich heiratet und mir ein Jahr lang vertraut«, dachte sie, »dann wird mein Fluch gebrochen!« So setzte sie ihren weiblichen Anmut ein und sprach mit lieblicher Stimme zu Raymond: »Ich kann dir helfen, wenn du mich heiratest! Ich werde deine Schuld reinwaschen und dich zu einem reichen Mann machen. Doch du musst mir versprechen, mich an jedem sechsten Tag allein zu lassen. Das ist die einzige Bedingung!«

Fasziniert von der Schönheit der jungen Frau, zögerte Raymond keine Sekunde und die Hochzeit wurde prunkvoll gefeiert. Melusine bewahrte Raymond vor allem Bösen. Mit ihrer Zauberkraft erbaute sie in der Nähe des Brunnens ein großes Schloss. Der Wohlstand und das Glück des Paares sprachen sich bald herum und gaben Anlass zu großem Neid. Der Bruder von Raymond wurde eifersüchtig und suchte nach einem Weg, dem Glück der beiden zu schaden. Er besuchte sie auf ihrem Schloss und sah eines Tages, wie Melusine geheimnisvoll in einem Zimmer verschwand. Raymond kümmerte das nicht. Doch sein Bruder beschuldigte Melusine vor ihm: »Eine Frau, die sich versteckt, ist eine Frau, die betrügt! Siehst du denn nicht, dass sie sich regelmäßig mit einem anderen Mann trifft?« So gelang es ihm, Zweifel in seinem Bruder zu wecken. Am nächsten sechsten Tag konnte sich Raymond nicht mehr beherrschen. Er schlich sich zu dem Zimmer, in dem Melusine den Tag über verschwand. Mit klopfendem Herzen legte er zuerst vorsichtig sein Ohr an die Tür, doch vernahm nur die vertraute Stimme seiner Frau. Aber das Misstrauen war stärker als sein

Versprechen, das er ihr einst gegeben hatte. Er bohrte mit seinem Dolch eine Öffnung in das Holz der Tür. Nach einem tiefen Atemzug wagte er einen Blick und erschrak zu Tode.

Er sah seine Frau zur Hälfte in eine Schlange verwandelt. Im nächsten Moment drehte sich Melusine zur Tür und erblickte ihn. Raymond hatte sein Versprechen gebrochen! Mit Tränen in den Augen stieß sie einen Schrei der Verzweiflung aus. Raymonds Verrat hatte Melusine nun auch noch Flügel wachsen lassen. Sie war nun auf Ewig verwandelt. Er versuchte sie festzuhalten, doch seine Frau flog aus dem Fenster, auf und davon.

Seit diesem Tag irrt der Ritter Raymond auf der Suche nach seiner Geliebten umher. Und man erzählt sich, dass Melusine noch immer als Geist über ihr Reich des Waldes wacht und jedes Mal einen Schrei ausstößt, wenn jemand sein Versprechen bricht.

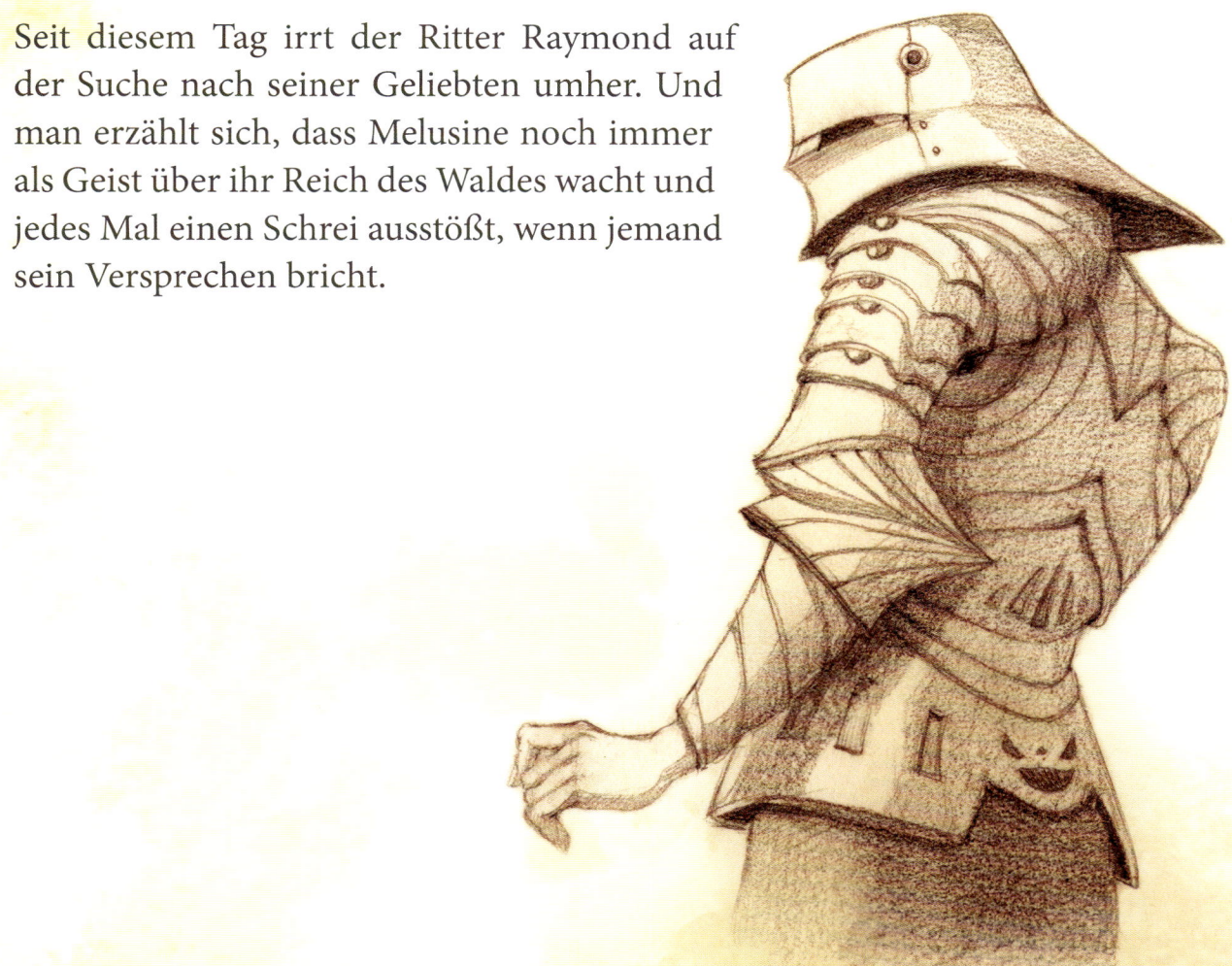

# Aladin und die Wunderlampe

**E**s lebte einst eine Witwe mit ihrem Sohn Aladin im fernen Orient. Die beiden hatten wenig zu essen, aber begnügten sich mit dem, was sie hatten. Eines Tages ging auf dem Markt ein Fremder auf Aladin zu. »Wenn du mir hilfst, gebe ich dir einen Silbertaler«, sprach er. Aladin nickte zustimmend und ging mit dem Mann mit. Vor den Toren der Stadt wälzte der Mann eine große Steinplatte von einem Felsen und man sah den schmalen Eingang zu einer Höhle. »Du bist klein und beweglich. Klettere die Treppe hinunter. Wenn du unten bist, dann such nach einer Öllampe und bring sie mir. Dann erhältst du deinen Taler als Lohn!«

Aladin tat, wie ihm geheißen, doch gab er Acht. Unten in der Höhle angekommen, staunte er nicht schlecht. Er stand inmitten von Kisten voller Gold, Schmuck und Edelsteine! Dann entdeckte er die Lampe. Er nahm

sie und stieg, wie ihm aufgetragen, wieder nach oben. Als der Mann ihn durch die Öffnung wieder erblickte, befahl dieser, ihm die Lampe sofort zu reichen. Doch Aladin rief: »Lasst mich erst heraus, dann bekommt Ihr die Lampe!«

Der Mann wurde plötzlich wütend und stieß Aladin mitsamt der Lampe in die Höhle zurück. Als der Junge im Dunkeln umhertastete, fand er einen Ring auf dem Boden. Er setzte ihn auf seinen Finger. Im nächsten Moment erschien ihm ein Geist in einer hellen Wolke. »Herr, Ihr habt mich gerufen? Ich kann Euch zwei Wünsche erfüllen!« Aladin erschrak, einen Geist hatte er noch nie zuvor gesehen. Aber was hatte er schon zu verlieren, er saß in einer Höhle fest. Also wünschte er sich nach Hause zurück. Und tatsächlich: sogleich erschien er wieder in seiner Hütte und blickte in das erstaunte Gesicht seiner Mutter. »Ich habe dich gar nicht gehört. Wo warst du nur den ganzen Tag?«, entgegnete sie. Aladin schlug die Augen nieder: »Ein Mann hat mir einen Silbertaler versprochen, wenn ich ihm behilflich wäre. Er hat mich zu einer Höhle voller Gold geführt, mich aber dann dort eingesperrt. Dank eines Zaubers konnte ich entkommen. Aber alles, was ich mitbringen konnte, ist diese alte Lampe!« – »Es ist gut, dass dir nichts passiert ist und diese Lampe ist besser als nichts«, entgegnete die Mutter und begann die Lampe zu putzen.

Da drang Rauch aus der Lampe und ein noch größerer Geist erschien vor Aladin, der sich nun reckte und streckte. »Oh, wie viele Jahrhunderte musste ich in dieser Enge verweilen, endlich bin ich frei! Sagt mir, was Ihr Euch wünscht. Ich erfülle Euch jeden Wunsch!« Aladin und seine Mutter konnten ihr Glück kaum fassen. Von dem Tag an fehlte es den beiden an nichts mehr. Es gab reichlich zu essen, zu trinken und von Zeit zu Zeit auch kleine Geschenke.

Eines Tages sah Aladin auf der Straße die Sänfte des Sultans vorbeifahren und er erblickte für einen kurzen Moment das Gesicht der Prinzessin. Augenblicklich verliebte er sich in das wunderschöne Mädchen und beschloss, sie mit Hilfe des Lampengeistes zur Frau zu gewinnen. Er rief ihn, indem er an der Lampe rieb und befal, dem Sultan Truhen voll Gold und Schmuck in seinem Namen zu senden. Der Geist tat, wie ihm aufgetragen. Doch so leicht ließ sich der Sultan nicht erweichen. Er bestand auf einen prunkvollen Palast als Geschenk für seine Tochter, bevor er sie freigeben würde.

Da zauberte der Geist einen so schönen Palast herbei, wie ihn noch niemand im ganzen Orient zuvor erblickt hatte. Der Sultan war daraufhin milde gestimmt und die Hochzeit wurde mit einem großen Fest gefeiert. Überall sprach man nun von Aladin und seinem unermesslichen Reichtum. Das kam auch einem Zauberer zu Ohren, der wusste, dass es eine magische Öllampe gab, die einen mächtigen Geist beherbergte. Da wurde ihm klar, dass dieser Geist einen neuen Herren gefunden haben musste. Er ersann eine List: Er schlich sich zum Palast und wartete, bis Aladin und seine Mutter die Räume verlassen hatten. Verkleidet als Lampenhändler, sprach er zur Prinzessin: »Liebe Frau, haben Sie vielleicht alte Lampen zu tauschen? Ich biete ihnen wunderschöne, neue Lampen an deren Stelle!«

Die Prinzessin dachte sich nichts dabei und gab dem Zauberer alle alten Lampen mit, die sie im Palast finden konnte, auch die Öllampe mit dem Geist. Als der Zauberer die Lampe in den Händen hielt, rieb er daran und der Geist erschien. Sogleich befahl ihm der Zauberer, den Palast mitsamt der Prinzessin in ein fernes Land zu versetzen und der Geist tat widerwillig, was ihm befohlen wurde.

Als Aladin erkannte was geschehen war, fiel er verzweifelt auf die Knie und fing an zu weinen. Doch da fiel ihm der Ring wieder ein, den er in der Schatzhöhle gefunden hatte. Er hatte noch einen Wunsch übrig! Rasch drehte er an ihm und sprach zum Ringgeist: »Bring mich dorthin, wo meine Prinzessin gefangen gehalten wird!« Im Handumdrehen erschien Aladin vor dem Palast. Er schlich sich an den Wachen vorbei und wartete, bis die Prinzessin allein war. Als die Prinzessin Aladin sah, fiel sie ihm in die Arme und gemeinsam ersannen sie einen Plan. Die Prinzessin mischte dem Zauberer einen Schlaftrunk in den Tee und als dieser schlief, begannen die beiden mit der Suche nach der Öllampe.

Nach Stunden fanden sie die Lampe unter dem Kopfkissen des Zauberers. Aladin rieb sogleich an ihr und der Geist erschien. »Herr, wo ward Ihr? Bitte lasst mich nie mehr aus euren Händen!« Dann zauberte er, auf Aladins Wunsch hin, den Palast mitsamt Prinzessin zurück und von da an lebten die beiden glücklich zusammen bis an ihr Lebensende.

# Tölpel-Hans

Es lebte einst auf einem Gutshof ein Mann, der hatte drei Söhne. Der erste Sohn konnte das gesamte lateinische Wörterbuch, sowie alle Zeitungsberichte der letzten Jahre auswendig aufsagen. Der zweite Sohn kannte alle Gesetze des Landes, zudem verstand er sich aufs Schneidern und bildete sich darauf mächtig etwas ein. Den Dritten hielten alle für einfältig und dumm. Deshalb riefen sie ihn nur Tölpel-Hans.

Es begab sich, dass im ganzen Land verkündet wurde, dass die Königstochter nach einem Bräutigam suche. Sie wünschte sich einen klugen und redegewandten Jüngling zum Mann. Der Vater hielt seine beiden älteren, schlauen Söhne für bestens geeignet und schenkte ihnen zwei Pferde, auf denen sie zum Schloss reiten sollten. Die beiden waren sich sicher, dass einer von ihnen das Herz der Prinzessin erobern würde. An den Jüngsten der Söhne dachte jedoch niemand und so bekam er auch kein Pferd geschenkt. Doch Tölpel-Hans wollte genau wie seine Brüder um die Königstochter

74

werben. »Was habe ich eine Lust zum Heiraten!«, rief er lauthals. »Ich bekomme sie. Vater, das fühle ich in meinem Herzen. Bitte gebt auch mir ein Pferd!« – »Nein, Hans, das werde ich nicht. Du hast keinen klaren Gedanken im Kopf! Wenn du die Königstochter unbedingt heiraten willst, musst du deinen Weg zum Schloss schon allein finden!«

Hans dachte nach, dann sagte er zu sich selbst: »Der Ziegenbock kann mich doch genauso gut tragen. Daran soll es nicht scheitern!« Er schwang sich auf den Bock und so zogen sie zu dritt in Richtung des Königshofs. Vorneweg ritten die zwei Brüder auf ihren stattlichen Rossen und hinterdrein folgte ihnen Hans auf seinem störrischen Ziegenbock. Er sang laut alle Lieder, die ihm einfielen, sodass sich die beiden Brüder andauernd beschämt umblickten.

Da sah Hans eine verletzte Taube am Wegesrand liegen. Er stieg ab und hob sie auf. Die Brüder rümpften ihre Nasen. »Was willst du mit dem Tier anfangen, du Tölpel?«

»Na, was denkt ihr denn? Das schenke ich der Prinzessin!«, rief Hans vergnügt aus. »Da wird sie sich aber freuen!«, antworteten die Brüder schadenfroh. Eine Meile weiter fand Hans am Waldesrand einen alten Schuh, der keinen Schaft mehr besaß. Trotzdem hob er auch diesen auf. »Was hast du denn mit dem Lumpen vor? Willst du den etwa auch der Prinzessin schenken?«, lachten die Brüder Hans aus. Der nickte schwungvoll: »Jawohl, das werde ich!« Und so zogen sie weiter.

An der nächsten Ecke beobachteten die Brüder, wie Hans auf einmal aus einer Pfütze dicken, stinkenden Schlamm schöpfte, und zwar direkt in seine

Hosentaschen! »Pfui, Teufel!«, riefen sie. »Jetzt hast du wohl völlig den Verstand verloren! Ist das etwa auch ein Geschenk für die Prinzessin?« Hans lachte: »Oh ja, seht nur: Das ist doch feinster, geschmeidiger Schlamm. Die Prinzessin wird Augen machen!« Da gaben die Brüder ihren Pferden die Sporen und preschten davon. Mit ihrem verrückten Bruder wollten sie nicht mehr zusammen gesehen werden!

Am Schloss angekommen, wurden alle Freier in einer Reihe aufgestellt. Dann wurden sie, einer nach dem anderen, aufgerufen, um sich bei der Prinzessin vorzustellen. Diese hatte auch drei Protokollanten postiert, die genau aufschreiben sollten, was gesprochen wurde, denn am nächsten Tag sollte alles in der Zeitung veröffentlicht werden. Und um ihren Bewerbern noch zusätzlich den Schweiß auf die Stirn zu treiben, hatte sie den Ofen im Saal besonders stark anfeuern lassen.

Als der erste Bruder an der Reihe war und das schöne Mädchen sah, verschlug es ihm die Sprache und all das erlernte Latein, all die Zeitungsartikel, die er eigentlich auswendig kannte, waren aus seinem Kopf verschwunden. Er konnte nur noch Wortfetzen stammeln: «Wa… Sa… Wie…«, was die Protokollanten auch sogleich notierten. Seinem Bruder erging es nicht besser. Als er in den heißen Saal trat, klebte ihm die Zunge am Gaumen fest. Er brachte kein vernünftiges Wort heraus, sodass die Prinzessin ihn im hohen Bogen zur Tür hinaus werfen ließ.

Da kam Hans auf seinem Bock angeritten und steuerte schnurstracks durch die offene Tür auf die Prinzessin zu. In letzter Sekunde stoppte er das Tier, sprang ab und rief: »Oh, wie entsetzlich heiß ist es denn hier?« – »Ja«, antwortete die Prinzessin keck und herausfordernd, »wir braten heute Hähnchen im Schloss! Willst du etwas mitbraten?« – »Das trifft sich gut«, antwortete Hans schlagfertig und zog sogleich den Vogel aus der Tasche.

»Dann bratet mir doch meine Taube!« Die Prinzessin lachte vergnügt. »Ja, das ist ja schön und gut, aber worin sollen wir den Vogel denn schmoren? Weit und breit ist kein Topf in Sicht!« Hans zog den alten Schuh hervor und sagte: »Hier hätten wir einen besonders edlen Topf, seht nur, wie gut der geeignet ist!« – »Nicht schlecht gedacht, mein Lieber«, holte die Prinzessin zum letzten Schlag aus. »Aber wo bleibt die Soße zum Braten? Ohne sie schmeckt es doch nach nichts!« – »Die Soße habe ich hier in meiner Tasche!«, hielt Hans entgegen und schüttete den Schlamm vor ihren Füßen aus, dass es nur so spritzte. Die Prinzessin hielt sich vor Lachen den Bauch. »Du gefällst mir! Du hast auf alles eine Antwort, bist gerissen und beherzt. Du sollst mein Bräutigam sein!«

Und so wurde Hans, den alle für einen Tölpel gehalten hatten, der Mann der Prinzessin und auch König des ganzen Landes.

# Das tapfere Schneiderlein

**E**s saß einst ein Schneider in seiner Stube. Er nähte gerade einen Gürtel fertig und sah dabei erwartungsvoll auf das Marmeladenbrot, das vor ihm auf dem Tisch lag und darauf wartete genüsslich verspeist zu werden. Doch was erblickte er da? Auf dem Brot hatten sich gefräßige Fliegen breit gemacht! Da holte der Schneider aus und schlug mit einem Tuch auf den Tisch. Als er es wegzog, staunte er nicht schlecht: Er hatte sieben Fliegen auf einen Streich erschlagen! Beschwingt von seiner Geschicklichkeit, nähte er auf seinen Gürtel eine große Sieben und beschloss, in die Welt hinaus zu ziehen, um den Leuten zu verkünden, wie stark er doch sei. Also suchte er seine Sachen zusammen und fand dabei noch einen alten Käse, den er in seine Tasche steckte. Vor dem Haus hatte sich ein Vogel im Geäst verfangen, auch den nahm er noch mit auf den Weg. »Wer weiß, wozu mir dieser noch nützlich sein kann?«, sprach er zu sich.

80

Auf seinem Weg begegnete er einem Riesen. »Was bedeutet die Sieben auf deinem Gürtel?«, fragte der Riese. Das Schneiderlein log frech daher: »Ich habe sieben Männer auf einen Streich erledigt!« – »Pah! Du lügst, du kleiner Wurm!«, entgegnete der Riese. – »Du glaubst mir nicht?«, rief das Schneiderlein. »Na, dann miss dich doch mit mir in einem Wettstreit!« Der Riese lachte und griff nach einem Stein. Er presste ihn so stark in seiner Faust zusammen, dass ein Tropfen Wasser herauskam. »Kannst du das auch, du Hochstapler?«, forderte er das Schneiderlein heraus. Der fand den Käse in seiner Tasche und tat so, als wäre es ein Stein. Er drückte und quetschte solange darauf herum, bis ein Tropfen Wasser herauskam. Der Riese zeigte sich beeindruckt, doch aufgeben wollte er nicht. So warf er den Stein so hoch er konnte in die Luft. »Kannst du höher werfen als ich?«, rief er dem Schneiderlein zu. Der zog heimlich den Vogel aus seiner Tasche und warf ihn in die Luft, woraufhin dieser befreit davon flog. »Sieh nur, mein Stein ist gleich am Himmel geblieben. Ich habe ihn wohl zu hoch geworfen!«, lachte das Schneiderlein. »Wenn du so ein toller Kerl bist, komm doch mit in unsere Höhle und übernachte bei uns!«, sprach der Riese hinterhältig. »Kein Problem, es ist ohnehin schon spät und ich brauche einen Platz für die Nacht!«, entgegnete das Schneiderlein.

In der Höhle saß ein weiterer Riese am Feuer. Die beiden zeigten dem Schneider seinen Schlafplatz, doch dieser ahnte, dass sie etwas planten. Deshalb schlich er sich in der Nacht in eine andere Ecke der Höhle. In der Dunkelheit trat einer der Riesen an das Bett und schlug mit einer Keule darauf ein. »Erledigt«, frohlockte er, »und morgen gibt es einen leckeren Braten!« Doch als das Schneiderlein am nächsten Morgen quicklebendig aus der Ecke trat und vergnügt an den Riesen vorbeischlenderte, schrien sie auf und rannten davon. Solche Angst überkam sie, denn sie mussten es wohl mit einem mächtigen Zauberer zu tun haben.

Das Schneiderlein zog weiter und gelangte in eine Stadt, in der ein König mit seiner Tochter lebte. Schnell sprach sich herum, dass es nun einen Mann gab, der sieben auf einen Streich erschlagen haben sollte. Das machte dem König Sorgen, denn er fürchtete um seinen Thron. Also ersann er eine List und ließ das Schneiderlein zu sich rufen. »Im Wald, hinter dem Hügel, leben zwei Riesen, die uns nichts als Unheil bringen«, sprach er. »Töte sie und ich gebe dir meine Tochter zur Frau.« – Mit den beiden Riesen hatte es das Schneiderlein schon einmal aufgenommen, also nahm es auch diese Aufgabe an. Eine Königstochter wurde einem schließlich nicht alle Tage versprochen!

So zog er in den Wald und fand die beiden Riesen schlafend nebeneinander liegen. Er sammelte Steine und kletterte auf einen Baum. Nach und nach ließ er die Steine auf die Riesen fallen, mal auf den einen, mal auf den anderen. Jeder der Riesen dachte, der jeweils andere würde nach ihm schlagen. Da wurden beide so wütend, dass sie sich aufeinander stürzten, in ihrer Wut sogar Bäume ausrissen und solange kämpften, bis beide tot umfielen. Das Schneiderlein stieg von dem Baum herab und war erleichtert. Zum Glück hatten sie nicht den Baum herausgerissen, auf dem er gesessen hatte!

So zog er zum König, um sein Recht einzufordern. Der bereute jedoch sein Versprechen und ersann eine neue Aufgabe: »Im Wald lebt ein gefährliches Einhorn, das die Stadt bedroht. Fang es und ich halte mein Versprechen.« Das Schneiderlein suchte sich ein starkes Seil, ging in den Wald und wartete, bis er das Einhorn erblickte. Das Tier lief auf ihn zu, bereit ihn aufzuspießen. Doch in letzter Sekunde sprang das Schneiderlein hinter einen Baum. Das Einhorn rammte den Stamm und blieb mit seinem Horn darin stecken. Der Schneider fesselte das Tier, befreite es aus dem Baum und brachte es zum König.

Doch der stellte ihm eine weitere Aufgabe: »Aller guten Dinge sind drei. In dem Wald wohnt noch ein wilder Eber, der so oft unser Vieh reißt. Fang ihn und ich verspreche dir mein Wort zu halten!« Das Schneiderlein zog wieder in den Wald, suchte sich einen Platz in der Nähe einer Kapelle und wartete. Es dauerte nicht lang, da tauchte das Wildschwein auch schon auf und sprang auf ihn zu, um ihn niederzureißen. Doch der Schneider lief in die Kapelle hinein und der Eber folgte ihm. Das Schneiderlein entwischte aber durch ein kleines Fenster und schloss von draußen die Tür. Gefangen war auch dieses Tier.

Nun hielt der König sein Versprechen und es wurde Hochzeit gefeiert. Doch noch wusste niemand, dass ein einfacher Schneider die Prinzessin geheiratet hatte, selbst die Prinzessin nicht. Eines Nachts, als die Königstochter nicht einschlafen konnte, hörte sie, wie das Schneiderlein im Schlaf sprach: »Hol mir Nadel und Faden, Junge! Ich will dir die Hose fertig nähen!« Da wurde sie böse, denn sie wollte nicht mit einem Schneider verheiratet sein! Sie rief die Wachen zu sich und trug ihnen auf, den Schneider in der nächsten Nacht zu töten. Sie selbst wollte den Riegel der Tür heimlich öffnen, um die Wachen unbemerkt ins Schlafgemach zu lassen. Doch das Schneiderlein durchschaute den Plan und als er draußen die Männer bemerkte, rief er: »Nur herein, wenn's kein Schneider ist! Ich habe sieben auf einen Streich erschlagen, zwei Riesen getötet, ein Einhorn und ein Wildschwein gefangen! Wer mich nicht fürchtet, soll sich nur hereintrauen!« Da überkam die Wachen große Furcht und sie rannten davon.

Von dem Tage an wagte es niemand mehr das Schneiderlein herauszufordern. So blieb er bis an sein Lebensende ein König.

# Des Kaisers neue Kleider

or vielen Jahren lebte einst ein Kaiser, der unheimlich viel Wert auf sein Äußeres legte, sodass er all sein Geld und vor allem das seiner Untertanen dafür ausgab, sich teure Kleider anzuschaffen. Ihn interessierte nicht das Leben der Menschen in seinem Land. Alles, wofür sein Herz schlug, war sein Aussehen. Deshalb ließ er sich immer schön herausputzen und wollte stets hören, wie gut er doch gekleidet war. So gelangten an den Hof des Herrschers die besten Schneidermeister des Landes und sogar der ganzen Welt.

Eines Tages schlichen sich unter die Schneidermeister jedoch zwei Männer, die sich nur für solche ausgaben. Ihnen war die Eitelkeit des Herrschers zu Ohren gekommen und sie hatten es sich in den Kopf gesetzt, ihm gehörig eins auszuwischen. Denn die Menschen im Land hungerten, weil der Kaiser tausende von Talern verschwendete. Die Männer ließen dem Kaiser mitteilen: »Unsere Kleider sind aus den schönsten und außergewöhnlichsten Stoffen des ganzen Landes gefertigt. Zudem besitzen sie die einzigartige Eigenschaft, für jeden Menschen unsichtbar zu sein, der nicht seines Standes würdig oder unverzeihlich dumm ist!«

Das weckte des Kaisers Interesse. Von derartigen Kleidern hatte er noch nie gehört. Und so bat er die beiden zu sich. »Wenn ich solche Kleider besäße, so könnte ich sehen, wer zu den Dummen und wer zu den Klugen gehört!«, dachte er sich. Dann gab er den beiden einen Haufen Taler, damit sie mit der Schneiderarbeit anfangen konnten. Die Betrüger begannen sogleich, stellten

Webstühle auf und gaben vor sehr beschäftigt zu sein. Doch in Wirklichkeit taten sie nichts. Dem Kaiser wurde in der Zwischenzeit etwas unwohl zumute. Er hoffte für sich nichts befürchten zu müssen. Denn was wäre, wenn er die Kleider nicht sehen konnte? Bliebe er dann der Kaiser seines Landes?

Bald darauf dauerte ihm die Schneiderei zu lange, er wurde ungeduldig und neugierig. Und so schickte er seinen höchsten Minister zu den angeblichen Schneidern. Der sollte den Stoff zuerst beurteilen und dann mit seiner Meinung zum Kaiser zurückkehren. Doch als der Minister, der ebenfalls von sich glaubte, nichts befürchten zu müssen, bei den Schneidern ankam, sah er rein gar nichts auf den Webstühlen. »Gott bewahre, ich kann nichts erkennen! Aber der Kaiser wird mich entlassen, wenn ich den Stoff nicht sehen kann!«, dachte er. Daher sagte er nichts, sondern lobte hingegen die Männer für ihr ausgezeichnetes Schneidertalent. Die Betrüger lobten den guten Geschmack des Ministers, berichteten von den seltenen Farben und der besonderen Qualität des Stoffes und freuten sich heimlich. Ihr Plan schien aufzugehen. Der Minister begab sich anschließend zum Kaiser, um ihm Bericht zu erstatten. Er log ihm etwas von der Echtheit des wundersamen Materials vor und war sehr erleichtert, als er danach wieder an seinen Schreibtisch zurückkehren konnte.

Nun sollte auch endlich der König die Kleider begutachten und anprobieren. Die beiden Betrüger taten so, als legten sie ihm die Stoffe um den Körper. Doch als er vor den Spiegel trat, sah auch der König nichts! Bestürzt und verwirrt blickte er an seinem nackten Körper herunter und wusste sich keinen Rat. Also verhielt er sich so, als trüge er Kleider der feinsten und teuersten Sorte. Er drehte und wendete sich vor seinem Gefolge, rief: »Ah!« und »Oh, wie fein!« – so fielen auch der Priester und seine Diener in das Bestaunen mit ein, beschämt über ihre eigene Unfähigkeit, die wundersamen Stoffe sehen zu können.

Inzwischen sprach die ganze Stadt von den Zaubergewändern und am nächsten Tag sollte der Kaiser in den neuen Kleidern vor seinen Untertanen erscheinen. Und so geschah es. Der Herrscher trat, begleitet von Fanfaren und Trommelwirbel, aus dem Schloss und schritt eitel hin und her, vor und zurück. Das Volk applaudierte und jubelte. Keiner wollte zugeben, dass man gar nichts sah, außer einen dickbäuchigen, nackten Kaiser. Denn das hätte bedeutet, man wäre dumm oder seines Amtes nicht würdig.

Als der Jubel sich gelegt hatte, zeigte auf einmal ein kleines Kind mit dem Finger auf den Kaiser und rief: »Aber der hat ja gar nichts an! Der ist doch nackt!« Die Menschen sahen sich verdutzt an, doch sie wussten in dem Moment, dass das Kind nur die Wahrheit ausgesprochen hatte, die sie selbst alle kannten. Und so riefen sie alle, erst zögerlich, dann immer lauter: »Aber ja, er hat ja gar nichts an! Er hat ja gar nichts an!« – Das Gelächter wollte gar kein Ende nehmen. Beschämt zog sich der Kaiser in seine Gemächer zurück. Er hatte sich nach allen Regeln der Kunst blamiert.

Die beiden Betrüger hatten sich unterdessen längst auf und davon gemacht. Wieder zu Hause an ihren Webstühlen sitzend, schmiedeten sie neue Pläne und lachten sich dabei gehörig eins ins Fäustchen.

# Der Schneemann

n einem kalten Wintertag wurde im Garten eines Hauses, unter dem Jubel spielender Kinder, ein Schneemann geboren. Er hatte zwei dreieckige Steine als Augen und sein Mund bestand aus Teilen einer alten Harke. In seiner Mitte steckte ein langer Stab. Um ihn herum hatten die Kinder den Schnee befestigt. Als der Schneemann, so frisch erschaffen wie er war, seine Augen das erste Mal öffnete, sah er einen großen, glühenden Ball am Horizont verschwinden und kurze Zeit später auf der anderen Seite der Erde wieder aufgehen.

»Schön, dass du wieder da bist!«, sagte er, »dann kannst du mir den Weg leuchten. Ich würde mich so gern von der Stelle bewegen, weiß aber nicht, wie ich es anstellen soll.« Da kam ein Hund um die Ecke und sah den Schneemann, wie der sich wunderte. »Das ist nicht mehr die Sonne, dort am Himmel, sondern der Mond«, erklärte er. »Ihn brauchst du nicht zu fürchten, doch wenn die Sonne wieder aufgeht, wirst du Angst bekommen.

Sie wird dich das Laufen schon lehren!« – »Ich verstehe den Hund nicht«, dachte der Schneemann, »aber ich fühle, dass ich mich vor der Sonne in Acht nehmen muss!«

Als der Mond am Ende der Nacht unterging, zeigte sich ein dichter und feuchter Nebel über dem Land. Dann zog ein eisiger Wind auf. Und als die Sonne erschien, glänzten die mit Raureif überzogenen Bäume. Es sah aus, als hätte sich ein Umhang aus glitzernden Decken über das Land gelegt.

»Ist das nicht schön?«, fragte ein junges Mädchen, das soeben mit einem Mann in den Garten trat. Ihre Augen strahlten. Der Mann zeigte auf den Schneemann: »Sieh nur, wie hübsch der aussieht! Im Sommer sieht man so einen nie.« Als die beiden Hand in Hand davongelaufen waren, fragte der Schneemann den Hund: »Sag, sind das Wesen, wie du und ich?« Der Hund bellte: »Wo denkst du hin! Aber du bist erst gestern zur Welt gekommen, du kannst es noch nicht wissen. Das sind Menschen!« Und so begann der Hund zu erzählen, dass er einst bei den Kindern der Menschen im Haus wohnen durfte. Aber als er größer wurde und die Kinder ihn nicht mehr bei sich haben wollten, wurde er der Haushälterin geschenkt. Zwar wohnte er bei ihr nur noch im Keller, bekam aber besseres Essen und schlummerte immer in der Nähe eines Ofens. »Das waren noch Zeiten …«, schwärmte der Hund und trauerte der wohlig-warmen Gemütlichkeit am Ofen seines letzten Frauchens nach. »Was ist passiert?«, fragte der Schneemann neugierig. Da erzählte der Hund ihm die Geschichte, wie er dem Jungen der Familie, wegen eines Knochens, ins Bein gebissen hatte, woraufhin er hinaus geschmissen wurde.

Der Schneemann sah durch die Fenster zur Stube des Hauses und erblickte einen Ofen. Er sah auf den dampfenden Körper aus Messing, in dessen Inneren ein Feuer loderte. Da wurde ihm ganz warm ums Herz und er

begann sich nach dem Ofen zu sehnen. »Wie sonderbar es in mir knackt!«, sagte er. »Wenn ich nur ganz nah bei ihm sein könnte!« – »Zum Ofen wirst du nie gelangen!«, beteuerte der Hund. »Und selbst wenn du es schaffen solltest, würde dich die Glut dein Leben kosten!« Doch der Schneemann hörte dem Hund schon gar nicht mehr zu. Er konnte seine Augen nicht von dem Anblick lösen. Er meinte sogar, der Ofen spreche mit ihm. Denn immer wenn sich in der Stube eine Tür öffnete und schloss, entstand ein kurzer Windzug und die Flamme im Ofen flackerte noch heller. Der Schneemann dachte immer, der Ofen zeige ihm seine Zunge und war ganz verzückt.

So vergingen die Tage. Die Türen öffneten und schlossen sich. Und jedes Mal leuchtete der Bauch des Ofens glühend auf. Der Schneemann hing seinen Träumen nach. Er hatte schwere Ofensehnsucht. Da begann sich das Wetter zu ändern, es wurde wärmer und der Schneemann fing an zu schmelzen. Doch er beklagte sich nicht. Eines Morgens war der gesamte Schnee seines Körpers weggetaut und an seiner Stelle blieb eine lange Eisenstange liegen. Der Hund schüttelte den Kopf. »Das ist doch der alte Ofenkratzer! Jetzt verstehe ich, wie sich ein Schneemann nach einem Ofen sehnen kann! Der Ofenkratzer war dein Herz. Und immer wenn sich der Ofen geregt hat, so hat es auch in deiner Brust geknackt!«

Der Schneemann konnte natürlich nicht mehr antworten. Der Frühling kam und die Kinder sangen fröhliche Lieder in den ersten warmen Sonnenstrahlen. An den Schneemann dachte niemand mehr. Doch schon im nächsten Winter würden die Kinder einen Neuen bauen.

# Katz und Maus in Gesellschaft

n einer Zeit, die voller Hungersnot und Leid war, trafen sich einst eine Katze und eine Maus. »Wer sagt, dass sich Katz und Maus nicht verstehen?«, fragte die Katze. »Lass uns doch über den Winter zusammen ziehen, dann können wir aufeinander aufpassen und haben nichts zu befürchten.« Die Maus sah sie skeptisch an. »Einen Versuch ist es wert, der Winter steht vor der Tür«, dachte sie sich. Also willigte sie ein.

Als Vorrat für den Winter besorgten sie ein großes Glas mit Schmalz, das sie über die kalten Monate bringen sollte. Da sie den Proviant aber erst im Winter verspeisen wollten, versteckten sie das Glas unter dem Altar einer nahe gelegenen Kirche. Denn dort, da waren sie sich einig, würde es niemand stehlen.

So lebten sie zufrieden zusammen. Doch die Tage wurden langsam kürzer und die Katze begann sich nach einer Leckerei zu sehnen. So sprach sie zur

Maus: »Meine Katzentante hat ein Junges bekommen, das getauft werden soll. Lass mich das Kleine besuchen gehen, ich würde so gerne etwas von dem Taufkuchen abbekommen!«

Das Mäuschen willigte ein. Doch die Katze hatte gar keine Tante, sie hatte gelogen. Heimlich lief sie zum Altar der Kirche und leckte die obere Haut vom Schmalztopf ab. Den Rest des Tages streunte sie über die Dächer der Stadt und machte mal hier und mal dort ein Nickerchen. In Gedanken immer noch dem leckeren Schmalz nachhängend, kam sie spät am Abend zu Hause an. »Welchen Namen hat das Junge denn nun erhalten?«, fragte die Maus. Die Katze war auf die Frage nicht gefasst und so sagte sie, was ihr als erstes in den Sinn kam: »Dreiviertel«, kicherte sie. »Dreiviertel?«, rief die Maus und schüttelte den Kopf. »Das ist doch kein Name für eine Katze!« – »So seltsam wie Katzen wohl sind, so verrückte Namen geben sie auch ihren Kindern!«, dachte sie sich.

Es verging eine Weile, da sehnte sich die Katze wieder nach einer Leckerei und sie suchte nach einem Vorwand, die gemeinsame Höhle zu verlassen. »Ein zweites Junges meiner Tante soll getauft werden, Maus. Bitte bleib du hier und kümmere dich um die Wirtschaft«, sprach sie und lief wieder zum Schmalztopf in die Kirche. Dieses Mal fraß sie ihn halbleer und war glücklich und zufrieden. Als sie wieder in die Höhle kam, fragte die Maus neugierig: »Auf welchen Namen wurde das Kleine denn heute getauft?« – »Oh«, antwortete die Katze, der wieder nicht schnell genug ein Name einfiel »Halbleer haben sie es genannt. Ist das nicht ein lustiger Name?« – »Lustig? Also ich könnte mir bessere Namen für meine Kinder ausdenken!«, antwortete die Maus und wurde nachdenklich.

Bald darauf verspürte die Katze erneut Appetit. »Aller guten Dinge sind drei«, dachte sie sich, »jetzt werde ich den Topf ganz leer naschen!« Und so erzählte sie dem Mäuschen erneut eine Lügengeschichte von einer Taufe und machte sich auf den Weg zum Schmalzglas. Glücklich und satt kehrte sie auch dieses Mal zur Höhle zurück, wo die Maus sie schon erwartete. »Sag schon, welchen verrückten Namen hat sich deine Familie nun wieder für das Junge ausgesponnen?«, fragte die Maus. »Ganz-leer«, antwortete die Katze und lachte sich ins Fäustchen. »Ganz-leer? Euch Katzen ist nicht mehr zu helfen!«, rief die Maus aus.

Nun wurden die Tage immer kälter und die Maus fasste sich ein Herz: »Lass uns endlich den Schmalztopf zurückholen. Ich brauche Kräfte für den Winter!« Die Katze nickte widerwillig. Als die beiden in die Kirche liefen und unter den Altar krochen, war das Glas leer. »Jetzt wird mir klar, warum du so oft zu Katzen-Taufen gehen musstest! Du bist mir vielleicht eine Freundin!«, schimpfte die Maus. »Erst dreiviertel-, dann halbleer hast du den Topf gefressen! Und schließlich …« – »Halt bloß den Mund, Maus!«, rief die Katze gefährlich, »Oder ich fresse dich auf!« Die Maus war so wütend, sie konnte sich die Worte nicht verkneifen: »Ganz leer hast du den Napf gefressen! Du bist …!« Doch kaum hatte sie das letzte Wort gesprochen, stürzte sich die Katze auf sie und schluckte sie hinunter. Arme Maus.

Und wie lautet die Moral von der Geschicht? Katz und Maus verstehen sich einfach nicht!

104

# Ende

# Die Autoren

## Dörte Grimm

### Autorin

Dörte Grimm lebt in Berlin, liebt die Welt der Phantasie und weiß, dass alles eigentlich auch anders sein könnte. Sie arbeitet als Autorin und Regisseurin, schreibt Jugendromane, Kurzgeschichten und Märchenbücher.

## Chiara Arsego

### Illustratorin

Chiara Arsego wurde in Italien geboren, wo sie auch ihr Graphikstudium absolviert hat. Sie illustriert Bilderbücher und leitet regelmäßig Malkurse für Kinder. Die Zusammenarbeit mit Kindern gehört zu ihren besonderen Vorlieben. Sie liebt es sich in die kindliche Perspektive hineinzuversetzen. Sie lebt in Paris, wo die ganz spezielle Welt ihrer Bildgeschichten entsteht.

# Es war einmal...

## Weitere Märchen und Geschichten

### Hans im Glück

Macht Gold etwa nicht glücklich? Eher ein Pferd oder doch eine Kuh? – Man muss Hans im Glück mögen. Entlang seines verrückten Tauschpfades wird er zum »glücklichsten Menschen unter dem Himmel«.

ISBN 978-3-941362-53-6 / 14,80 €, Chiara Arsego & Dörte Grimm

### Der gestiefelte Kater

Welch Kater! Er spricht, läuft aufrecht und trägt zudem prächtige Stiefel. Wird es ihm auch noch gelingen den armen Müllerssohn aus seiner Not zu retten?

ISBN 978-3-941362-35-2 / 12,80 €, Chiara Arsego & Hélène Kérillis

### Der kleine Däumling

Däumling ist zwar klein, aber er hat großen Mut. Und er ist sehr listig. Das muss er auch sein, um es mit zwei Räubern, einem Wolf und sogar einer gefräßigen Kuh aufnehmen zu können. Wird er trotz aller Gefahren seinen Weg nach Hause zurückfinden?

ISBN 978-3-941362-34-5 / 12,80 €, Chiara Arsego & Hélène Kérillis

### Schlaft, Tierchen, schlaft

Wie zauberhaft sich die Tiere betten, davon erzählen
die phantasievollen Illustrationen der italienischen
Künstlerin Simona Mulazzani. Als Einschlafhilfe hat
dieses Buch in Italien seit Jahren einen Stammplatz
am Kinderbettchen.

ISBN 978-3-946972-02-0 / 16,90 €, Simona Mulazzani, Giovanna Zoboli, Ulrike Schimming

### Colette

Colette ist die Geschichte einer liebenswerten älteren
Dame. Bei Ihr Zuhause haben sich entflohene Zoo-
tiere versteckt. Colette bringt sie kurzerhand nützlich
in ihren Tagesablauf mit ein.

ISBN 978-3-941362-23-9 / 16,00 €, Chiara Arsego & Aymeric Vincenot

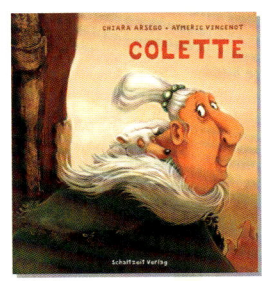

### Mein Opa, der Mond und ich

Großvater ist ein unerschrockener Abenteurer, ein
grandioser Erfinder und ein großer Geschichtener-
zähler. Für seinen Enkel baut er ein Katapult, mit
dem beide zum Mond reisen. Dabei trägt er wie immer seinen kleinen, roten Hut.

ISBN 978-3-941362-90-1 / 14,90 €, Barroux, Séverine Vidal, Claudia Sandberg